AF259949

OPINION MOTIVÉE

DE

MM. DE FROIDEFOND DES FARGES ET MALAVOIS

DANS LE DIFFÉREND SURVENU

ENTRE

MM. GASTEL ET MONTÈS.

Paris. — Imp. Schiller fils, 10, Faub.-Montmartre.

OPINION MOTIVÉE

DE

MM. DE FROIDEFOND DES FARGES ET MALAVOIS

DANS LE DIFFÉREND SURVENU

ENTRE

MM. GASTEL ET MONTÈS.

EXPOSÉ DES FAITS:

La rétrocession de l'immeuble dit le « Malgré Tout, » situé au François (Martinique), faite par M. Gastel, le 12 décembre 1853, à M. Montès et à M. Sinson, porteurs de la procuration de madame Sinson, a donné lieu à des récriminations de la part de M. Montès contre M. Gastel.

M. Gastel s'est ému de ces récriminations qu'il qualifie de diffamatoires, et qui, comme telles, peuvent porter atteinte à son honneur et à sa considération.

Ces deux messieurs ont demandé que leur conduite réciproque fût appréciée par des amis. — En conséquence ils ont choisi, M. Gastel : M. Froidefond des Farges, conseiller à la cour impériale de Paris, et M. Malavois, ancien conseiller colonial et commandant des milices de l'île de la Réunion, l'un des administrateurs de la Société du Crédit colonial, à Paris; et M. Montès : MM. Isaac Pereire, administrateur du Crédit mobilier, et De Lareinty, délégué de la Martinique.

Une première réunion a eu lieu le 30 octobre 1861. M. Gastel y a été appelé, et, en l'absence de M. Montès, lecture lui a été donnée d'un mémoire produit par celui-ci, en réponse à la lettre de M. Gastel, en date du 13 août 1861. Les faits incriminés par M. Montès ont été ceux-ci :

1° Projet d'association qui, selon M. Montès, lui aurait été proposé par M. Gastel pour obtenir un prêt de 60,000 fr. en une traite sur M. Perquer ;

2° Rétrocession de l'immeuble dit « Malgré Tout, » faite à MM. Montès et Sinson le 12 décembre 1853, par M. Gastel, qui aurait dû, selon M. Montès, le détourner de cette affaire à raison des liaisons intimes qui existaient entre eux ;

3° Affaire Lemerle, étrangère à M. Montès, dans laquelle il a voulu établir que la conduite de M. Gastel méritait des reproches ;

4° Projet d'immigration des Indiens confié par M. Montès à M. Gastel, et que ce dernier aurait cherché à s'approprier ;

5° Efforts de M. Gastel pour exploiter les relations de M. Montès avec M. Pereire;
6° Difficulté du caractère de M. Gastel, qui lui fait perdre tous ses amis.

M. Gastel a répondu à toutes les assertions ci-dessus résumées, et a fourni toutes les explications qui lui ont été demandées.

M. Montès, introduit à son tour, a maintenu les allégations contenues dans son mémoire, et a cherché à les corroborer par des explications qu'il a cru devoir spontanément ajouter.

Les amis sus-nommés convinrent que MM. de Froidefond, Malavois et de Lareinty rédigeraient chacun une décision dont le but devait être d'amener une réconciliation entre deux anciens amis.

La séance a été levée après une durée de cinq heures.

Les dispositions conciliantes qui viennent d'être rappelées, changèrent deux jours après, par le fait de M. Montès.

M. Montès a fait remettre à M. de Froidefond l'expédition d'un arrêt de la cour de cassation portant rejet d'un pourvoi formé par M. Gastel, dans son procès avec M. Lemerle. Cette pièce devait prouver, selon M. Montès, que M. Gastel avait sciemment altéré la vérité, en avançant dans la première réunion que ses amis de la Martinique avaient transigé avec M. Lemerle, pour lui épargner les ennuis et les lenteurs de cette affaire alors en cassation.

Ce prétendu mensonge prévint certains membres de la réunion contre M. Gastel, et changea les dispositions conciliantes qu'ils avaient montrées.

Une deuxième réunion a eu lieu le 12 novembre 1861 ; MM. Gastel et Montès y ont été appelés et mis en présence, afin d'avoir à s'expliquer contradictoirement sur leur conduite réciproque dans l'affaire du « Malgré Tout, » et sur les autres faits articulés par M. Montès, quoiqu'ils fussent étrangers au différend à juger.

Enfin, une troisième réunion a eu lieu le 19 janvier 1862. Les deux parties ayant publié chacune un mémoire, savoir : M. Montès sous la date du 12 décembre 1861, et M. Gastel, sous celle du 8 janvier 1862, messieurs les arbitres se sont bornés à formuler leur opinion. Il y a eu partage sur la décision à rendre. MM. de Froidefond des Farges et Malavois ont proposé, vu l'importance de la question pour M. Gastel, de nommer deux autres arbitres avec pouvoir, au besoin, de choisir un troisième arbitre pour les départager. MM. Pereire et de Lareinty ont émis la pensée qu'un seul arbitre suffisait pour finir le débat.

Les sus-nommés n'ayant pas pu se mettre d'accord sur ce point comme sur le fond même du débat, ont décidé que les arbitres rédigeraient deux décisions dans le sens de leur opinion, et que l'échange en serait fait au même instant entre les arbitres pour être ensuite remises aux parties.

En conséquence, M. de Froidefond des Farges et Malavois, arbitres de M. Gastel, ont formulé leur opinion, après avoir exposé les faits suivants :

§ 1. Projet d'association qui, selon M. Montès, lui aurait été proposé par M. Gastel pour en obtenir un prêt de 60,000 fr. en une traite sur M Perquer.

En 1846, MM. Gastel et Montès étaient tous deux à Saint-Pierre (Martinique). Le 22 mai de cette année M. Gastel lui écrit :

« D'après les explications que je t'ai données de vive voix, mon cher ami, je suis
» décidé à me démettre de la commission de l'habitation de MM. Sinson frères.
» Ces messieurs me doivent environ 160,000 fr. ; ne pouvant continuer à me
» charger de leurs affaires, ils m'ont prié de te les proposer. Je le fais avec d'au-
» tant plus de plaisir que j'ai la certitude que c'est une opération qui ne pourra
» jamais te rien laisser à désirer.

» Si tu acceptes les *offres* de ces messieurs, voici les *conditions* que nous pour-
» rions arrêter ensemble : *Tu te chargeras de me rembourser la somme qu'ils me
» doivent*, en deux traites sur France : la première, de 60,000 fr., me sera fournie
» par le packet du 27 de ce mois (mai), et tu me remettras l'autre pour solde de
» mon compte en août prochain.

» Pour te couvrir successivement des sommes que tu auras ainsi avancées,
» ainsi que des intérêts qu'elles produiront à 6 0/0, ces messieurs s'obligent à
» t'expédier tous les sucres qu'ils feront et que tu chargeras, *pour leur compte*, à
» consignation de ta maison qui les vendra aux conditions d'usage.

» Tous les revenus de ces messieurs seront affectés à l'acquittement de la dette
» qu'ils vont contracter envers toi, moins les frais de faisance valoir qui n'iront
» jamais à la moitié de leurs revenus bruts.

» J'ai une si grande confiance dans la solvabilité et la moralité de ces messieurs,
» qui sont mes *amis intimes,* que je t'offre de les *cautionner* pour *toute la somme*
» que tu vas leur avancer.
» Sur la traite de fr. 60,000 à fournir par le prochain packet, tu auras demain
» 41 barriques de sucre et 150 à 160 d'ici à deux mois.

» Signé : GASTEL. »

Au bas de cette lettre, M. Montès a ajouté :

» Je n'accepte cette affaire que pour compte de MM. Perquer et ses fils, du
» Havre, et, sauf leur approbation, je donne la traite de fr. 60,000; mais il est
» bien entendu *entre nous* que si ces messieurs n'acceptaient pas l'affaire, ces
» 60,000 fr. d'avance me seront remboursés en chargeant des sucres à leur consi-
» gnation par MM. Sinson frères, ou par toi-même d'ici à deux mois.

» Signé : MONTÈS.   Signé : GASTEL. »

La traite sus-énoncée fut délivrée le 25 mai 1846.
L'engagement pris par M. Sinson fut ponctuellement exécuté dans le temps prévu, ainsi qu'il ressort de la lettre suivante écrite par M. Montès à M. Gastel, alors à Paris, le 26 février 1847 :

« . . . Nos amis, MM. Sinson frères, ont ponctuellement exécuté leur premier
» engagement envers moi. Ils se disposaient à fabriquer les sucres nécessaires à
» l'acquittement du second, quand ils leur est survenu un accident fâcheux. Plu-
» sieurs pièces de leur usine ont été brisées, et le dégat est tel, qu'il ne pourra y
» être obvié que dans deux mois, d'après ce qu'ils m'ont mandé le 24. Ce délai,
» ils en ont impérieusement besoin pour remplir leur obligation de 200 barriques
» exigibles bientôt : je leur accorderai avec plaisir en raison de l'intérêt que je
» leur porte aussi bien qu'à toi-même. Mais je prévois qu'ils auront besoin de
» secours, et je tâcherai de leur être utile, tes intérêts et les miens l'exigent.
» Ainsi, dès ce moment, je te considère comme engagé envers moi, non-seulement
» pour les avances qui sont déjà faites, mais encore pour celles que nécessiterait
» la mise en état de leur machine, si c'est moi qui suis appelé à les fournir;
» quoi qu'il en soit, MM. Sinson frères m'inspirent la plus haute confiance; plus
» je les ai connus, plus j'ai été à même de voir en eux des principes qui sont ceux
» de l'homme d'honneur. D'avance, je suis certain de ton approbation. »

Quelques mois plus tard, M. Hervé, mandataire de M. Gastel à la Martinique, lui confirme les dispositions sus exprimées sous la date du 28 juin :

« Saint-Ange est arrivé à Saint-Pierre pour nous représenter qu'il a besoin im-
» médiatement d'une avance de 60,000 fr. Comme M. Montès, revenu à des sen-
» timents plus humains, consentait à renouveler l'affaire de l'année dernière,

» nous avons laissé faire l'avance de 60,000 fr. par Montès, en lui *cautionnant* en
» *votre nom*, qu'il serait rempli de cette nouvelle avance par des sucres de la
» récolte prochaine, consignés à MM. Perquer et ses fils, soit environ 250 barri-
» ques. L'engagement de l'année dernière est en grande partie rempli.

. . . .

» Montès ne serait pas éloigné de traiter avec ces messieurs pour la totalité de
» l'affaire; il me disait l'autre jour que, pendant que vous étiez ici, vous lui en
» aviez fait la proposition, et que vous étiez alors disposé à accorder des termes
» assez longs pour les 100,000 fr. qui vous restaient dus, après les 60,000 francs
» avancés par Montès.
» Je vous le répète, il paraît que l'usine va admirablement bien, et si Saint-
» Ange ne se fait pas illusion, il en retire de beaux bénéfices.

» Signé : HERVÉ. »

Ces deux pièces établissent que la première affaire, dans laquelle M. Gastel avait
reçu 60,000 fr. en une traite de M. Montès sur MM. Perquer, avait été ponctuellement exécutée; enfin que la nouvelle avance de 60,000 fr., consentie par M. Montès, sous la garantie continuée de M. Gastel, ne profitait qu'à MM. Sinson.

M. Montès a avancé que la traite de 60,000 fr., remise le 25 mai 1846 à valoir
sur la créance Sinson, était la condition d'une association convenue entre M. Hervé,
lui et M. Gastel, pour l'exploitation du magasin de fers que ce dernier possède à
la Martinique; que cette convention avait été renouvelée en présence de M. Hervé,
qui l'avait acceptée; que, plus tard, M. Gastel ayant substitué M. H. de Pompignan
à M. Montès, M. Hervé avait refusé avec indignation d'entrer dans cette combinaison. Aucunes pièces ne confirment ces allégations.

M. Gastel les conteste en se prévalant du témoignage de M. Hervé. Il fait ressortir que, si ce fait était vrai, M. Hervé s'en serait souvenu; qu'une association
ne se traite pas à la légère; qu'elle est toujours examinée, discutée jusque dans
les plus petits détails; que, si une convention de cette importance avait été conclue, M. Montès pourrait en faire connaître les bases; que, dans tous les cas, lui,
M. Gastel, en aurait parlé à M. Hervé, son ami intime et son mandataire, avec lequel il était en rapport de tous les jours; que M. Hervé n'aurait pas oublié :

1° Que la convention avait été renouvelée en sa présence et qu'il avait accepté ;

2° Que, plus tard, il avait refusé avec indignation d'entrer dans une combinaison dont M. Montès ne faisait plus partie.

Mais qu'au surplus, ce fait est contredit par des lettres mêmes de M. Hervé,
écrites les 11 décembre 1846, 27 janvier et 10 février 1847, dans lesquelles, après
avoir expliqué que l'insuffisance de ses ressources ne lui permettrait pas de payer
le tiers du magasin de fers, il ajourne l'examen de l'affaire après l'arrivée de
M. H. de Pompignan à la Martinique; qu'ainsi il est matériellement inexact que
la convention invoquée ait été conclue.

§ 2. Rétrocession du « Malgré-Tout, » circonstances qui l'ont précédée, accompagnée ou suivie, et rapports entre MM. Gastel et Montès.

Le 12 *février* 1851, M. Gastel, resté créancier de MM. Sinson, se rend adjudicataire du « Malgré-Tout », suivant procès-verbal de Guillemaint, notaire. Le même jour il s'engage, par acte sous-seings privés, à rétrocéder cette propriété à madame Sinson Saint-Ange, sous certaines conditions, entre autres celle d'accorder de longs termes pour le remboursement de sa créance.

Sous le mérite de cette stipulation, MM. Sinson frères restaient en *possession* du « Malgré-Tout », et continuaient à l'administrer pour *leur compte*, M. Gastel fournissant toujours aux frais de faisance valoir.

Le 12 juillet 1853, un nouvel acte sous signatures privées intervint entre M. Gastel et MM. Sinson frères, portant : promesse de vente, par M. Gastel, du « Malgré-Tout » au profit de madame Sinson Saint-Ange, ou *de toute autre personne solvable* de son choix ; à la condition expresse que cette promesse de vente serait acceptée par madame Sinson Saint-Ange avant l'expiration de l'année 1853, sinon elle devait être déchue de tous les droits résultant de son sous-seing privé, et M. Gastel restait propriétaire incommutable du « Malgré-Tout ».

Après la conclusion de cet acte de réméré, M. Sinson Saint-Ange, en vue de se libérer envers M. Gastel, partit pour France. Il arriva à Paris vers le 18 août 1853, et, tout de suite, proposa à M. Montès de lui vendre la moitié du « Malgré-Tout », sur le pied de 205,000 fr. due à M. Gastel.

Déjà, dans une lettre confidentielle du 5 juin précédent, M. Jules Sinson avait proposé cette affaire à M. Montès, en évaluant le prix total du « Malgré-Tout » à 500,000 fr. Dans cette même lettre, M. Jules Sinson faisait ressortir son grand intérêt à conserver cet immeuble, qui constituait la fortune de sa famille.

Ce fut dans ces conditions que les pourparlers commencèrent entre MM. Montès et Sinson Saint-Ange.

M. Montès, qui devait posséder par lui-même des notions très-précises sur le « Malgré Tout », puisque, depuis sept ans, il était en relations d'affaires avec MM. Sinson, écrivit à la Martinique pour avoir de nouveaux renseignements.

Le 30 novembre 1853, la vente n'avait point encore été réalisée : M. Montès attendait un nouveau renseignement. Il importait que, sans retard, des ordres fussent transmis à la Martinique afin d'éviter que M. Gastel fût mis en possession du « Malgré-Tout » au terme fatal du 31 décembre 1853. A cet effet, M. Gastel et M. Sinson passèrent le sous-seing privé suivant :

« M. Gastel, prenant en considération ma présence en France pour l'arrange-
» ment de cette affaire, consent à ne pas transmettre à son mandataire à la Mar-

» tinique, par le steamer du 2 décembre 1853, les ordres relatifs aux mesures
» d'exécution que pourrait comporter dans la colonie le défaut d'accomplissement
» du contrat au terme fixé, et la présente déclaration a pour but de le garantir
» contre toute compromission de ses droits à cet égard.

» Il demeure donc parfaitement entendu que cet *ajournement,* comme *tout autre*
• qui pourrait être accordé, laisse les choses en *l'état* quant aux droits pouvant
» résulter pour M. Gastel du défaut d'exécution du sous-seing privés au terme
» fatal du 31 décembre 1853. »

Six jours après la signature de cet acte, le 6 décembre, M. Montès reçut le renseignement qu'il attendait dans une lettre de M. Hervé, son mandataire, datée du
12 novembre précédent. Ce renseignement et probablement d'autres encore, transmis par le même packet, étaient favorables à l'acquisition de l'habitation du
« Malgré-Tout. »

Le 12 décembre 1853 intervint un acte de vente comme suit :

« M. Gastel déclare *vendre,* avec garantie, à Mme Sinson Saint-Ange, repré-
» sentée par son mari, et à *M. Montès, acquéreurs indivisement,* chacun pour moi-
» tié, l'usine et l'habitation le « Malgré-Tout. »

Cinq jours après la signature de cet acte, le 17 décembre, M. Montès reçut une
seconde lettre de M. Hervé, son mandataire, en date du 27 novembre 1853. En
voici la teneur :

« J'arrive maintenant, mon cher Montès, à ce qui concerne l'affaire Sinson
» Saint-Ange dont tu m'entretiens par ta dernière. J'avoue que je regrette ce que
» je t'ai écrit par le packet dernier. Je crains qu'en recevant cette lettre, où je te
» donnais *une opinion favorable* à cette affaire, tu ne te sois pressé de conclure,
» d'autant plus que mon opinion s'accorde parfaitement avec la tienne. . . .
» . . . . , . .
» Thouron, avec qui j'ai cru pouvoir causer de cette affaire, la considère comme
» très-malheureuse pour toi. . . . .
» Si, à la réception de cette lettre, tu n'as pas terminé avec Saint-Ange, je te
» conseille, toute réflexion faite, de ne pas la faire ; tes correspondants de France,
» tes amis d'ici, la trouvent aventureuse et ce serait peut-être pour toi un motif
» de discrédit. . . . .
» Si cette affaire est faite, nous verrons à nous en tirer le moins mal possible. »

Après l'acquisition de l'usine et l'habitation le « Malgré-Tout, » M. Montès, en
vue d'en accroître les produits, achète de M. Jules Sinson la moitié de l'habitation
« la Gamelle » et forme une Société avec madame Saint-Ange Sinson.

Il paraît que cette association n'aurait pas prospéré, et que, dans l'année même
de sa formation, le capital primitivement employé dans les propriétés de la « Gamelle » et du « Malgré-Tout, » qui devait être de 255,000 fr., se serait élevé à
plus de 400,000 fr., et que M. Montès, pour dissoudre cette Société et désintéres-

ser madame Sinson, lui aurait donné 40,000 fr. d'indemnité. En présence de ces résultats, M. Montès se répandit en plaintes contre M. Gastel, l'accusant de lui avoir colloqué cette affaire ou au moins de ne l'en avoir pas détourné, en lui révélant ce que l'usine pouvait avoir de défectueux.

Ces accusations ne sont fondées sur aucune preuve. M. Gastel leur oppose la plus formelle dénégation. Il répond :

1º Qu'il n'a jamais engagé M. Montès à acheter le « Malgré-Tout ; » qu'il n'était pas mieux renseigné que celui-ci sur la valeur de cette propriété ; que, lié également avec M. Montès et M. Saint-Ange Sinson, il était entre deux amis qu'il devait ménager pour échapper aux reproches qu'une préférence en faveur de l'un ou de l'autre lui aurait attirés ; que, de plus, sa position était extrêmement délicate et lui interdissait toute intervention entre eux ; que, si après avoir détourné M. Montès de cet achat il fût devenu propriétaire incommutable du « Malgré-Tout » par son contrat de réméré au terme fatal du 31 décembre 1853, la famille Sinson se serait plainte d'avoir été dépossédée pour 205,000 fr. d'un immeuble qu'elle estimait 500,000 fr. ; qu'à aucun prix il ne devait laisser supposer que, dans son intérêt personnel, il avait contribué à une dépossession.

2º Que, si, après une pareille dépossession, il avait fait prospérer l'usine, M. Sinson aurait dit qu'au mépris d'une ancienne amitié il l'avait ruiné en empêchant l'exercice du réméré ; que M. Montès se serait fait l'écho de cette plainte et aurait, en ce qui le concerne, accusé M. Gastel de lui avoir causé un préjudice notable en le détournant déloyalement d'acheter le « Malgré-Tout » pour en rester propriétaire à 50 0/0 au-dessous de sa valeur.

3º Que, de plus, dès 1847, ainsi que le prouve la lettre de M. Hervé du 24 juin de la même année, M. Montès n'était pas éloigné de traiter avec MM. Sinson pour la totalité de la créance de M. Gastel ; qu'on doit induire de cette intention, qu'il était déjà renseigné sur le « Malgré-Tout, » puisque cette créance n'avait de valeur que celle qu'elle empruntait à cette propriété ; qu'en l'achetant, six ans plus tard, en décembre 1853, il a manifestement agi avec mûre réflexion, — soit par suite de la connaissance personnelle qu'il avait acquise dans ses rapports avec MM. Sinson, qui remontaient à 1846, — soit par les conseils que, selon M. Jouque, il avait reçus de M. de Lamotte et de plusieurs autres de ses amis, — soit plus spécialement encore par les conseils de M. Hervé, son ami et son mandataire à la Martinique.

La preuve de ces faits, en ce qui concerne M. de Lamotte et les autres amis de M. Montès, découle d'une lettre de M. Jouque à M. Montès du 25 novembre 1861 ; et en ce qui touche M. Hervé d'une lettre également écrite à M. Montès le 27 novembre, il en ressort :

1º Que M. de Lamotte, dont la propriété est presque limitrophe du « Malgré-Tout » et les autres amis de M. Montès l'engageaient à acquérir cette habitation qui avait enrichi les précédents propriétaires, lui remontrant qu'il profiterait des écoles faites par MM. Sinson ;

2° Que M. Montès sollicitait et attendait, *pour traiter*, un dernier renseignement de M. Hervé ;

3° Que M. Montès a traité, parce que ce dernier renseignement attendu témoigne du parfait accord de son opinion avec celle de M. Hervé au sujet de l'acquisition du « Malgré-Tout » et probablement aussi parce qu'il pensait faire une magnifique affaire en achetant sur le pied de 205,000 fr. une habitation que MM. Sinson avaient estimée 500,000 fr.;

4° Que M. Hervé, ne voulant pas assumer sur lui la responsabilité de l'affaire, a cherché, par une lettre postérieure à la transaction faite à Paris, à en détourner M. Montès en lui présentant comme préférable l'achat de l'habitation Dubuc du Ferret;

5° Que M. Hervé n'a pas pensé que l'affaire du « Malgré-Tout » fût mauvaise ; que si, après de nouvelles et tardives réflexions, il a cherché à en détourner M. Montès, c'était principalement parce que cette affaire, paraissant *aventureuse* à ses amis de la Martinique, pouvait nuire à son crédit.

Pour donner plus de poids à son grief, M. Montès avance que M. Jouque, notaire à la Martinique, ami commun à M. Gastel et à lui, aurait blâmé M. Gastel de lui avoir endossé l'affaire Sinson.

A cette assertion, M. Gastel oppose :

1° Une lettre de M. Jouque, en date du 26 septembre 1861, dans laquelle celui-ci dit : « Qu'il a lu avec le plus grand intérêt la lettre de M. Gastel à Montès, en date » du 13 août 1861 ; que ce document ne lui a rien appris qu'il ne sût déjà, et » que pour lui *il prêche un converti* ; *que c'est le langage du bon droit;* »

2° Une deuxième lettre du même, adressée à M. Montès. sous la date du 25 novembre suivant, dans laquelle il reconnaît avoir félicité M. Gastel d'être sorti de *cette grosse affaire* et avoir regretté qu'un ami se fût mis à sa place ; mais que cette lettre ne contient ni reproche, ni blâme adressé à Gastel, puisqu'elle n'exprime, selon son auteur, « *qu'une opinion individuelle contraire à ce que pensaient les amis les plus intimes de M. Montès* (Sic). »

Examinant sous une autre face les griefs de M. Montès, M. Gastel fait remarquer que l'achat de la propriété, la Gamelle et la Société formée avec Mme Sinson ont changé complétement les conditions premières de l'affaire du « Malgré-Tout. » Qu'ainsi en prenant pour vraie l'allégation imaginée par M. Montès, il faudrait encore reconnaître qu'il ne peut s'en prendre qu'à lui seul des résultats désastreux que cette combinaison mal dirigée aurait eus pour lui et pour ceux de ses amis dont il reconnaît avoir compromis les capitaux.

M. Montès articule que M. Gastel aurait dissimulé des rapports défavorables qu'il aurait reçu de M. Pouchin, ingénieur et Advisse, comptable sur l'usine du « Malgré-Tout ». M. Gastel répond que cette articulation, fausse de tous points,

manque en outre de précision ; que M. Montès, en parlant de l'usine du « Malgré-
Tout » ne signale point les défectuosités qu'elle renfermait, que ces défectuosités
devaient être réparables à peu de frais, et ne sont point la source des pertes que
M. Montès déclare avoir éprouvées ou avoir causées à ses amis. M. Gastel ajoute
que des rapports qu'il avait reçus de M. Pouchin résulte ce fait que, moyennant
une légère dépense, l'usine aurait consommé moins de combustible ; que les
terres du « Malgré-Tout » étaient les meilleures de la localité et que cette habitation pouvait être promptement liquidée ; que M. Advisse pensait, selon sa
lettre du 22 mai 1853, « qu'il y aurait un avenir à » espérer en opérant comme
il faudrait et sur une large échelle, » et il n'hésite point à avancer « que la
position du « Malgré-Tout » est plus favorable que celle de bien d'autres établis-
sements. » (textuel.)

§ 3. Affaire Lemerle, étrangère à M. Montès, dans laquelle il a voulu établir que la conduite de M. Gastel méritait des reproches.

M. Gastel impute à M. Montès d'avoir dénaturé, dans le dessein de lui nuire, les
circonstances du procès Lemerle, circonstances étrangères au débat et dont
M. Montès connaissait la moralité. Dans la séance du 30 octobre 1861 et dans ses
deux Mémoires manuscrits et imprimés, M. Montès a fait du procès Lemerle un
texte d'accusations contre M. Gastel. M. Gastel repousse ces accusations par la re-
production du jugement rendu par le Tribunal de Saint-Pierre, qui lui avait
donné gain de cause, et de l'arrêt de la Cour qui, en infirmant ledit jugement
proclame la bonne foi des parties. — S'expliquant sur les circonstances mêmes de
ce procès, M. Gastel avait avancé que ses amis pour mettre fin à un procès qui
lui paraissait devoir traîner en longueur, avaient pris sur eux de transiger, sans
son consentement, pendant que la Cour de cassation en était encore saisie. —
M. Montès a cherché à prouver que ce dire était mensonger. A cet effet, il a fait
remettre à MM. les arbitres un arrêt de rejet rendu antérieurement à la transaction, sous la date du 29 juin 1847.

M. Gastel répond que cet arrêt ne s'applique qu'à un point de l'affaire Lemerle, que
la transaction dont il est question a été faite au moment où la Cour de cassation
avait admis un pourvoi formé par Mme Gastel, tierce-opposante à l'arrêt rendu
contre lui personnellement par la Cour royale de la Martinique. Il produit un certificat délivré par le greffier de la Cour de cassation et des lettres de son avocat,
Me Jules Delaborde, et fait remarquer que M. Montès, en exhibant isolément
l'arrêt du 29 juin 1847, a cherché à surprendre la religion de MM. les arbitres ;
qu'il savait que cet arrêt ne s'appliquait qu'à une des faces de l'affaire Lemerle,
puisqu'il a été rendu à une époque où l'intimité la plus grande existait entre
eux deux, ce qui ne permet pas de supposer que M. Montès ne fût point au courant

de toutes les phases de l'affaire Lemerle. Cette même affaire a offert à M. Montès un second sujet d'attaque contre M. Gastel.

M. Montès a inséré dans son mémoire, un certificat en date du 12 mars 1861, émané d'un sieur Ach. Lemerle, lequel constate que, après avoir obtenu, comme condition d'une réconciliation, de M. E. Lemerle, son beau-frère, un témoignage écrit de son repentir de lui avoir intenté un procès au sujet des successions Faure et le désaveu d'expressions blessantes, M. Gastel se serait refusé à cette réconciliation.

M. Gastel repousse cette allégation; il produit une lettre de madame Emile Lemerle, qui prouve que la déclaration donnée par M. Emile Lemerle avait pour but, non pas sa réconciliation avec la famille Gastel, mais seulement celle de madame Emile Lemerle.

D'après M. Gastel, tous ces propos calomnieux, tous ces faits allégués avec la plus coupable malveillance ont produit leur effet attentatoire, en l'éloignant de la participation, comme l'un des administrateurs, à une institution favorable au Crédit des colonies.

A ce sujet, de tous les nombreux témoignages écrits qui lui ont été adressés de la Martinique, M. Gastel se borne à extraire les trois passages suivants; le premier contenu dans la lettre de M. de Maussion de Candé, gouverneur de la Martinique, en date du 10 avril 1861, ainsi conçu :

« Je vous avoue, que, dans la crainte de vous voir desservi auprès du ministre,
» j'ai pris les devants, et lui ai annoncé, en le priant de vous écouter avec bien-
» veillance, que je vous accordais *la confiance la plus illimitée*, vous considérant
» comme un homme des plus honorables, malgré les calomnies répandues contre
» vous. »

Le deuxième contenu dans la lettre du 26 avril 1861 de M. Hervé, ami commun de MM. Gastel et Montès, lettre dont voici les termes :

« Vous avez l'estime et la confiance des familles les plus honorables et les plus
» haut placées dans la colonie, comme en France. C'est pour vous un dédomma-
» gement suffisant des menées de quelques intrigants. »

Le troisième est l'article qui lui est relatif et qui termine le rapport des cen-seurs de la Banque de la Martinique ainsi conçu :

« Dans le cours de cet exercice, le conseil a eu à se séparer d'un administra-
» teur qui a rendu de grands services dans des moments difficiles. Rappelé en
» France par ses affaires. M. Gastel a dû renoncer à ses fonctions. Cette séparation
» a été vivement sentie par le conseil ; mais nous en avons la certitude, tout n'est
» pas fini entre cet ancien administrateur et notre Banque.

« La haute position que, soit comme négociant, soit comme propriétaire de
» plusieurs grandes sucreries, M. Gastel s'est acquise à la Martinique, moins
» encore que sa profonde connaissance de nos besoins les plus urgents et de nos
» ressources, le désigne d'avance à figurer, en tout temps au premier rang des

» défenseurs de son pays d'adoption, et la Banque, dont la prospérité se lie si
» étroitement à celle de la colonie, pourra toujours faire appel au dévouement
» de son ancien administrateur. »

§ 4. En ce qui concerne le projet d'immigration des Indiens.

M. Montès, dans son Mémoire et dans ses allégations verbales, accuse M. Gastel
d'avoir abusé d'une communication confidentielle qu'il lui avait faite au sujet
d'une entreprise d'immigration d'Indiens aux colonies occidentales, entreprise
dans laquelle M. Montès lui proposait une part; d'avoir cherché à s'emparer subrepticement de cette opération et à la faire en participation avec MM. R. Desgrottes et Auguste Assier, à l'exclusion et à l'insu de M. Montès.

G. Gastel dénie expressément le fait qui lui est imputé, et prétend que dès
1852, il avait renoncé à l'immigration indienne pour reporter son attention sur
celle des Chinois. M. Montès ayant invoqué le témoignage de **M. Auguste Assier**,
et déclaré qu'il s'en rapporterait à ce témoignage, M. Gastel produit la lettre
suivante :

Bordeaux, le 29 novembre 1861.

« Mon cher Gastel,

» Je réponds à votre lettre du 20 novembre, où se trouve la phrase suivante :
» Est-il vrai que je vous ai proposé, en 1854, une grande opération, en partici-
» pation, entre vous, la maison Reynal et moi, ayant pour but l'introduction
» dans les colonies, de coolies indiens sur une grande échelle? — Pour répondre
» catégoriquement à cette question, il me faudrait, mon cher Gastel, compulser
» tous mes papiers, relever toute la correspondance, en un mot, me livrer à un
» travail qui serait trop long, et auquel je ne me déciderais que s'il devenait
» absolument nécessaire; mais ce que je puis affirmer de mémoire, c'est qu'il
» n'a jamais été question entre vous et moi d'opération de la nature de celle dont
» parle votre lettre, ni à l'époque indiquée, ni à aucune autre époque antérieure
» ou postérieure.

» Il est entendu que je ne comprends pas dans cette dénégation absolue notre
» opération de Chinois, méditée et entreprise en 1858, entre vous, M. Malavois et
» moi. J'ajouterai qu'à l'époque de 1854, je n'avais pas le plaisir de vous con-
» naître comme à présent, et que nous n'avions jamais eu aucune affaire liée.
» Je me souviens très-bien que, vers 1853 ou 1854, mon parent et ami P. Hervé
» me proposa une affaire du genre de celle dont il est question dans votre lettre
» du 20 courant. Je fis, sur sa demande, un projet complet et détaillé de cette

» opération. Mon parent m'écrivit de remettre ce projet à M. Montès et de suivre,
» d'accord avec lui, auprès de M. le ministre de la marine, l'obtention du privi-
» lége d'introduction. Je suivis les recommandations d'Hervé. Ne pouvant aller à
» Paris, je donnai mission à M. J. Brascassat de suivre cette affaire conjointement
» avec M. Montès. M. Brascassat se mit en rapport avec M. Montès, vit le mi-
» nistre, qui était, je crois, M. Th. Ducos. J'ai, dans mes papiers, des lettres du
» ministre, de MM. Montès et Brascassat relatives à cette affaire ; il me serai facile
» de les produire. Vous dire maintenant comment cette affaire n'a pas réussi
» pour moi, ce serait pénible. J'oublie beaucoup plus facilement le mal que le
» bien. Je crois me rappeler qu'on a dit que c'était par ma faute que j'en
» avais été complétement exclu. Mais ne revenons pas là-dessus.

» Je n'avais qu'à répondre à votre question textuellement rapportée au début
» de la présente.

» J'ai répondu la vérité, toute la vérité, le reste de ma lettre est un hors-
» d'œuvre.

» Signé : Aug. ASSIER. »

§ 5. Efforts de M. Gastel pour exploiter les relations de M. Montès avec MM. Pereire.

Ce nouveau grief n'est pas plus prouvé que les précédents. M. Gastel en fait remarquer la futilité et répond qu'une entreprise appuyée par M. Pereire présentant de grands avantages, il n'est pas impossible qu'il ait proposé à M. Montès
d'utiliser en commun ses relations intimes avec ces derniers. M. Gastel, en sup-
posant que cette allégation fût fondée, ne voit dans une pareille proposition que
ce que tant d'autres, à sa place, eussent loyalement cherché à faire. Il repousse les
insinuations de M. Montès, notamment en ce qu'elles donnent à entendre que
MM. Pereire se seraient prononcés contre le projet d'une association par des con-
sidérations personnelles à M. Gastel. Il fait observer qu'à l'époque dont il s'agit,
il était inconnu de MM. Pereire, que M. Montès seul pouvait avoir fait parvenir
son nom jusqu'à eux, et qu'en conséquence leurs conseils ne pouvaient être dictés
que par des motifs qui lui étaient étrangers.

§ 6. Difficulté du caractère de M. Gastel qui lui fait perdre tous ses amis.

Ce reproche, sans importance pour le point à décider, est selon M. Gastel, une
nouvelle preuve de cet esprit de dénigrement plusieurs fois révélé par M. Montès
dans le cours du débat.

Des brouilles qu'il signale : l'une est de pure imagination, l'autre est venue de deux caractères incompatibles et la troisième a été produite par un règlement d'affaires où l'intervention de deux amis a tout terminé amiablement; mais sur ce dernier point, M. Gastel se croit à l'abri de tous reproches et il est autorisé à invoquer les témoignages de MM. Textoris, ex-agent de change; Archdéacon, son gendre et Gravier leur associé, rue de Provence, 72.

En résumé, M. Gastel déclare qu'il n'a méconnu aucun des devoirs que l'amitié lui imposait envers M. Montès. En conséquence il soutient que ce dernier a été aussi injuste dans ses accusations, qu'il est mal fondé dans ses demandes en dommages-intérêts pour les prétendues pertes que ledit M. Montès auraient supportées et fait supporter à ses amis; lesdites pertes n'étant que le résultat de ses actes volontaires et du désordre de son administration.

Après avoir répondu à tous les griefs de M. Montès et à celles de ses articulations qui sont étrangères au débat, M. Gastel se plaint, lui aussi, que M. Montès depuis l'achat du « Malgré-Tout » et ses autres affaires avec la famille Sinson, aurait cherché à porter atteinte à son honneur et à sa considération, par des propos injurieux tenus tant à la Martinique qu'en France. Il rappelle que M. Montès a reconnu dans la lettre qu'il lui a écrite le 16 août 1861, dans son Mémoire manuscrit lu le 30 octobre 1861, et verbalement devant MM. les arbitres, qu'il avait tenu contre lui, M. Gastel, de vilains propos (textuel); que, de plus, M. Montès a reproduit une lettre d'un sieur Thouron, en date du 12 août 1854, qui, sans préciser aucun fait, contient contre M. Gastel des expressions tellement grossières que le membre de la réunion chargé d'en donner lecture a eu le bon goût de les passer sous silence.

Fort de son droit, M. Gastel rappelle qu'à une époque où il ne soupçonnait pas la violence et l'injustice des ressentiments que M. Montès nourrissait contre lui, il avait consenti à soumettre ses actes à l'appréciation de MM. Pereire ou Hervé, amis intimes de M. Montès; que cette offre n'ayant point été acceptée la mission à confier à M. Pereire, l'un des deux précités, s'étant effacée par la constitution d'un Tribunal d'honneur composé de quatre membres, l'esprit dans lequel cette offre a été faite s'est trouvé changé, et qu'à la majorité du Tribunal seule a été conféré le pouvoir de décider entre les deux parties.

En outre, M. Gastel croit utile de reproduire les paroles suivantes qui lui ont été adressées par M. Pereire dans la séance du 12 novembre, après ses explications sur le « Malgré Tout » : « C'est vrai, M. Gastel, votre position était difficile; » il faut le reconnaître, si vous avez un tort, il a été léger, il a pu même être in-» volontaire. Nous sommes ici en famille, nous voulons arranger cette affaire : » convenez entre nous de ce tort et nous en finirons. »

M. Gastel répondit : « Je vous remercie, monsieur, des paroles bienveillantes » que vous venez de faire entendre; mais comme j'ai la prétention d'être aussi

» honnête que qui que ce soit, je ne puis faire l'aveu que vous demandez ; je
» mentirais à ma conscience en me reconnaissant coupable de l'ombre d'un tort
» envers M. Montès. »

OPINION DE MM. DE FROIDEFOND DES FARGES ET MALAVOIS.

Après avoir écouté attentivement les explications des parties, après avoir pris
une connaissance approfondie de leurs notes et lettres, pièces écrites et imprimées
et autres documents qui nous ont été soumis par elles et qui viennent d'être ana-
lysés, nous avons ainsi qu'il suit formulé notre opinion :

M. Montès, avant d'acquérir le « Malgré-Tout », avait-il connaissance et de la
valeur de cette habitation et de son produit ? — A-t-il été induit en erreur par le
silence de M. Gastel sur un vice, un défaut essentiel de la chose vendue ?

Apprécions par une rapide revue des faits et des dates :

En **1846**, MM. Sinson frères font offrir par M. Gastel à M. Montès de rembourser à M. Gastel la somme qu'ils lui doivent, et notamment celle de **60,000 fr.**
en traites sur France, MM. Sinson frères s'obligeant à expédier à M. Montès tous
les sucres qu'ils fabriqueront et que M. Montès chargera pour leur *compte*, à la
consignation de la maison Perquer et fils, du Havre : ce qui est accepté par
M. Montès.

En **1847**, M. Montès consent encore à faire à MM. Sinson frères une nouvelle
avance de 60,000 fr., dans les mêmes conditions que la précédente, c'est-à-dire
avec commission sur la vente des sucres, intérêts des avances à 6 0/0 et caution-
nement de M. Gastel.

C'est M. Hervé, mandataire de M. Gastel et ami intime de M. Montès, qui traite
à la Martinique avec ce dernier. Il fait connaître, par lettre adressée en France à
M. Gastel, que l'usine des frères Sinson *va admirablement bien*. il révèle à ce dernier qu'en cette année 1847, M. Montès ne serait pas éloigné de traiter pour la
totalité de l'affaire avec MM. Sinson frères.

Dès l'époque de 1846-1847, M. Montès avait une connaissance acquise de la valeur de l'usine de MM. Sinson et des produits qu'elle donnait, puisqu'il consentait
à leur faire des avances, sous la garantie (il est vrai) de M. Gastel, mais garantie
qui lui indiquait que celui-ci avait foi dans la solvabilité de MM. Sinson et dans
la puissance productive de leur usine.

M. Montès n'était pas édifié sur la valeur et les produits de l'usine en question
seulement par les renseignements que lui donnait M. Hervé, son ami, négociant
comme lui, à Saint-Pierre-Martinique ; mais il l'était encore par la voix publique :
il l'était surtout par un autre ami, M. Lejeune de Lamotte, voisin des Sinson frères, qui, connaissant bien leur propriété, le poussait à en faire l'acquisition, ce

qu'il considérait comme une excellente affaire. En outre, M. Montès, qui n'a cessé d'habiter la Martinique de 1846 à 1852, devait connaître la valeur réelle de cette propriété par lui-même ou par d'autres amis.

Dans une aussi petite localité que la Martinique, qui n'a que 16 lieues de long, 10 de large et 45 de circonférence, tous les négociants et habitants connaissent, dans les moindres détails, la fortune des propriétaires, la valeur et les produits de leurs propriétés.

Une lettre confidentielle de Jules Sinson, en date, de la Martinique, du 5 juin 1853, adressée à M. Montès, alors en résidence à Paris, édifie ce dernier sur le prix de cette usine-habitation et sur ses revenus. Il lui fait connaître que cette propriété (qu'il lui propose de mettre sous son nom moyennant l'avance de 200,000 fr.) sera entre ses mains un gage de 500,0000 fr. ;

Que quelques améliorations sont à faire à ce bel établissement pour le mettre en plein rapport ;

Que l'usine peut faire maintenant 800 boucauts, et, avant peu, passera mille ;

Que les voisins continuent à comprendre le bénéfice qu'il y a à vendre leurs cannes ;

Qu'aujourd'hui on fait l'essai des coolies, et l'on doit concevoir les plus grandes espérances ;

Que ce serait bien pénible de se voir enlever un *si bel établissement*, juste *au moment* où l'on en pourrait tirer de *très-grands profits*.

En outre, il recommande à M. Montès le plus grand secret sur cette affaire à l'égard de M. Gastel.

Il n'est donc pas étonnant qu'en *août* 1853, M. Montès après de tels renseignements, se soit mis en rapport avec M. Sinson Saint-Ange pour l'acquisition de l'usine et habitation le « Malgré-Tout » et qu'il en ait fait l'acquisition le 12 *décembre* de la même année ; corroboré qu'il était encore par une lettre en date du 12 *novembre* de la Martinique, qu'il avait, précédemment, reçue de M. Hervé son ami, et de plus, son mandataire dans cette colonie. M. Hervé, dans cette lettre, manifestait une opinion favorable au projet d'achat du « Malgré-Tout », opinion s'accordant avec celle de M. Montès. L'acte de vente fait connaître que préalablement M. Saint-Ange s'était mis en rapport avec M. Montès et avait échangé avec lui *diverses propositions*.

De plus, M. Gastel, par un acte sous-seing privé en date, à Paris, du 30 *novembre* 1853, avait consenti à accorder à M. Saint-Ange un ajournement à la déchéance du droit de réméré dont le terme expirait le 31 *décembre* 1853.

Si M. Montès ne s'était pas cru suffisamment renseigné sur la valeur et les avantages comme sur l'absence des défauts du « Malgré-Tout », il pouvait profiter du délai accordé pour demander à la Martinique de nouveaux documents d'appréciation. Ce délai prouve que M. Gastel voulait que la lumière se fît pour M.

Montès comme pour tout autre et qu'il ne voulait surprendre la bonne foi de qui que ce fût par manque de connaissances suffisantes.

Mais M. Montès n'avait plus besoin de renseignements. *Ses amis les plus intimes* avaient sur cette acquisition une opinion favorable et la lui avaient communiquée.

« M. de Lamotte, un des premiers et des plus chauds de ces amis, ainsi que le
» dit M. Jouque, notaire à la Martinique et ami de M. Montès, dans sa lettre du
» 25 novembre 1861, avait poussé M. Montès dans cette voie. L'opinion de M. de
» Lamotte était que M. Montès faisait une grande et belle affaire dont les ré-
» sultats devaient être avantageux, toutes les écoles faites par M. Saint-Ange,
» devant profiter à M. Montès. En ramenant Saint-Ange, lequel devait, après
» l'acquisition, continuer à gérer ces habitations, dans les principes d'une ad-
» ministration modérée et sage, M. Montès devait en recueillir de très-beaux bé-
» néfices.

» Quelques-uns des amis de M. Montès, à la Martinique, partageaient les idées
» de M. de Lamotte. Pour eux, les habitations de Saint-Ange étaient de bons et
» beaux biens qui avaient enrichi leurs propriétaires avant l'établissement de
» l'usine, ces biens devaient produire les mêmes effets, en les replaçant dans une
» exploitation et une fabrication ordinaires. (Lettres de M. Jouque, en date du 25
» novembre 1861.)

Si M. Montès, déterminé par des amis intimes, et notamment par MM. Lejeune de Lamotte et Hervé, à faire cette acquisition, avait suivi le conseil qu'ils lui donnaient, en même temps, de ramener M. Saint-Ange dans les principes d'une administration modérée et sage en replaçant ces habitations dans une exploitation et une fabrication ordinaires; il aurait fait une bonne affaire. Mais son achat de la « Gamelle », sa Société avec Mme Sinson et les dépenses exagérées de son administration devaient amener de désastreux résultats.

M. Montès ne peut s'en prendre à M. Gastel de ses mécomptes. Quant à ce dernier, il a agi ainsi qu'il le devait. Cependant M. Montès prétend que l'amitié imposait à M. Gastel le devoir de le détourner de l'acquisition du « Malgré-Tout ». Pour quelle raison M. Gastel aurait-il agi et parlé en sens contraire à l'opinion de M. Lejeune de Lamotte et des autres amis intimes de M. Montès?

Quel est donc le vice que M. Gastel aurait pu révéler à M. Montès au sujet de ces habitations qui avaient enrichi leurs précédents propriétaires? Aujourd'hui même, il ne nous en a pas été révélé un seul, si ce n'est le vice d'une mauvaise administration qu'a continuée M. Montès.

D'ailleurs, lors même que M. Gastel eût connu un côté faible à l'usine et à l'habitation que M. Montès allait acquérir, il ne pouvait le détourner de donner suite aux conventions faites avec M. Saint-Ange. En effet, placé entre M. Saint-Ange et M. Montès, ses deux amis de longue date, il devait se faire une loi du silence, pour ne pas compromettre les intérêts de l'un ou de l'autre, et pour sauvegarder

3.

son honneur et sa délicatesse en ne donnant pas à penser qu'il voulût conserver la propriété de cette habitation et usine aux dépens de ces amis. M. Gastel a eu d'autant plus raison d'agir ainsi que la lettre de J. Sinson adressée à M. Montès, en date du 5 juin 1853, accuse M. Gastel d'avoir l'intention de s'emparer de la propriété du « Malgré-Tout : »

« Gardez le secret, dit-il, de crainte que Gastel, sachant qu'on cherche à lui
» échapper, ne prenne les devants; il trouve la proie trop belle pour la lâcher fa-
» cilement. Il faut arriver subitement à le mettre au pied du mur, en lui offrant
» son paiement réel et effectif. »

Quelle manière plus énergique d'exprimer ses craintes et sa défiance?

L'état d'irritation d'esprit de M. Montès l'a porté à tenir contre M. Gastel des propos blessants pour l'honneur et la délicatesse de celui-ci, ainsi qu'il le reconnaît lui-même, et à avancer des faits complétement étrangers au différend qu'a fait naître l'acquisition du « Malgré-Tout. »

L'appréciation de ces faits nous étant soumise, nous nous croyons obligés d'en parler. Les principaux sont au nombre de trois; les autres ne méritent pas d'être examinés, tant ils sont futiles et dénués de preuves :

1º Avance de 60,000 fr. à condition d'une association avec Gastel dans le magasin de ferrements ;

2º Affaire de l'immigration indienne dont M. Gastel aurait voulu s'emparer subrepticement au préjudice de M. Montès;

3º Affaire Lemerle.

En ce qui touche l'avance des 60,000 fr., M. Montès affirme qu'elle a été faite à M. Gastel, à condition que celui-ci l'associerait, ainsi que M. Hervé, à son magasin de ferrements. A ce sujet, M. Montès précise des circonstances minutieuses qui auraient accompagné cette promesse d'association faite par M. Gastel, à lui et à M. Hervé.

M. Montès invoque à ce sujet le témoignage personnel de M. Hervé.

Or, il résulte des conventions écrites intervenues entre MM. Gastel et Montès, que la première avance de 60,000 fr., comme la deuxième de même somme, a été faite par M. Montès dans l'intérêt des frères Sinson et sans aucune promesse d'association de la part de M. Gastel.

M. Montès affirme qu'en présence de M. Hervé, M. Gastel aurait renouvelé son intention de céder à chacun d'eux (Montès et Hervé) un tiers de son magasin de fers, et que M. Hervé aurait *accepté instantanément.*

Or, M. Hervé fait tomber une pareille affirmation par son témoignage écrit dans sa lettre du 10 novembre 1861, ainsi conçue :

« Je me rappelle parfaitement bien que tu m'as toujours DIT que, lorsque Gastel

» t'a fait la demande de cette avance de 60,000 fr., il *t'a mené* dans son bureau
» d'en bas, et que là, il t'a fait voir son bilan qui portait alors son avoir à plus
» d'un million, et qu'il T'A proposé de s'associer avec TOI pour ce magasin de
» ferrements. TU *m'as* DIT qu'il avait été question aussi de m'associer dans cette
» affaire, *mais je ne me rappelle pas avoir* ASSISTÉ à ces pourparlers; et *je ne*
» *puis certifier que ce projet d'association eût été de sa part* UNE CONDITION DÉ-
» TERMINANTE DU PRÊT. »

En acceptant de faire des avances aux frères Sinson, dont le remboursement
devait s'effectuer en sucre et sous la garantie de M. Gastel, M. Montès faisait une
affaire certainement bonne puisqu'il devait toucher sa commission sur la vente
de ces sucres et les intérêts à 6 0/0 du capital avancé. M. Gastel, déjà garant, n'a-
vait pas à s'imposer une nouvelle condition onéreuse pour déterminer M. Montès
à conclure une affaire qui ne profitait qu'à lui M. Montès.

Aucun indice d'ailleurs ne vient à l'appui de l'affirmation de ce dernier sur ce
prétendu projet d'association.

En ce qui touche le reproche que fait M. Montès à M. Gastel d'avoir cherché à
s'emparer subrepticement, à son exclusion, d'une affaire d'immigration d'Indiens aux colonies accidentales, pour l'exploiter avec MM. Desgrottes et Auguste Assier.

M. Montès ne produit aucune pièce d'où résulterait *même un indice* sur lequel
puisse se fonder cette incrimination.

Cependant, M. Montès *maintient* que tous les faits qu'il a avancés sur ce chef
sont de la plus rigoureuse exactitude, et il déclare être prêt à accepter à ce sujet
le témoignage de M. Auguste Assier et Brascassat, témoignage qu'il ne rapporte
pas.

Or, au contraire, M. Auguste Assier oppose à cette affirmation de M. Montès la
plus complète dénégation par sa lettre à M. Gastel, en date de Bordeaux, du 21
novembre 1861, rapportée à la page 10.

Cette lettre d'un homme honorable dont M. Montès lui-même invoque le témoignage détruit l'allégation de M. Montès.

En ce qui touche l'affaire Lemerle :

M. Gastel en 1835-1837 avait acheté des époux Lemerle et de la demoiselle
Faure leurs droits héréditaires dans la sucsession de M. Faure. Près de dix ans
plus tard, les vendeurs introduisirent une demande en rescision pour cause
de lésion de plus d'un quart.

Un jugement de Saint-Pierre-Martinique du 30 *janvier* 1846 repoussa cette
demande par le motif que la vente faite à Gastel, étranger à la succession, achetant à forfait et à ses risques et périls, ne peut être considérée comme un acte
de partage entre héritiers donnant lieu à la rescission de plus du quart.

Un arrêt de la cour royale de Martinique, le 31 *août* 1846, décida que l'acte de vente commun à Gastel et à sa femme, est, dans son esprit, équipollent à un partage :

Et quoique cet acte ne soit vicié par aucun caractère frauduleux, ajoute l'arrêt, cependant il préjudicie par une lésion de plus du quart aux époux Lemerle et à la demoiselle Faure.

Le 29 juin 1847, la chambre des requêtes de la cour de cassation rejeta le pourvoi de M. Gastel contre cet arrêt, par le motif que la déclaration DES FAITS *par la cour de la Martinique ne constitue pas un excès de pouvoir.*

De son côté, *Mme Gastel* avait formé le 11 *février* 1847 une tierce opposition à l'arrêt de la Martinique qui préjudiciait à ses droits sans qu'elle eût été appelée ni représentée dans l'instance devant la cour royale.

Un autre arrêt de cette même cour rendu le 11 mars 1847, la déboute de sa tierce opposition, par le motif qu'elle avait été valablement représentée dans l'instance par son mari.

Le même jour, 11 mars 1847, Mme Gastel se pourvoit en cassation, et ce ne fut que près de deux ans après, c'est-à-dire le 9 janvier 1849, que la chambre des requêtes admit son pourvoi.

Ce pourvoi et son admission sont certifiés et par l'arrêt lui-même et par un certificat du greffier de la cour de cassation, qui constate qu'en *mars* 1850 les époux Lemerle n'avaient encore fourni aucunes défenses.

En effet en 1849, les époux Lemerle et les époux Gastel, voulant éviter les *longueurs* du procès qui était soumis à la chambre civile de la cour de cassation, en ce qui concerne la tierce opposition de Mme Gastel, transigèrent à la Martinique dans l'ignorance de l'admission du pourvoi de Mme Gastel à la chambre des requêtes et dans l'incertitude de la décision que devait rendre la chambre civile.

Si la chambre des requêtes, n'avait rendu l'arrêt d'admission du pourvoi de Mme Gastel, qu'après environ deux ans, quel terme pouvait-on assigner au procès soumis à la décision de la chambre civile ?

M. Gastel a donc eu raison de déclarer que la transaction avait eu lieu en vue des longueurs de l'instance devant la cour de cassation.

Prétendre le surprendre sur ce chef en flagrant délit de mensonge est plus qu'une grave erreur.

M. Gastel a transigé avec les époux Lemerle, non pas sur son procès, objet de la décision de l'arrêt de la Martinique et de l'arrêt de la chambre des requêtes qui rejette son pourvoi le 29 juin 1847, mais en vue du procès sur la tierce opposition de Mme Gastel dont le pourvoi avait été *admis* le 9 janvier 1849 et pour éviter les lenteurs de la chambre civile de cette dernière cour dont la décision sur le fond du droit devait encore se faire attendre.

La tierce opposition de Mme Gastel une fois admise par la chambre civile, l'arrêt de la Martinique tombait de plein droit, tout était remis en question et devait être jugé de nouveau entre toutes les parties, c'est-à-dire M. Gastel, Mme Gastel et les époux Lemerle.

M. Gastel s'est donc maintenu dans l'exacte vérité, en déclarant que la transaction a eu lieu, en vue des longueurs de l'instance suivie devant la chambre civile sur le pourvoi de Mme Gastel en ce qui concerne la tierce opposition.

A l'occasion du procès Lemerle, M. Montès produit une lettre, en date du 12 *mars* 1861, d'un sieur Ach. Lemerle qui inculpe M. Gastel d'avoir trompé son beau-frère en refusant de le recevoir au sein de sa famille, après avoir obtenu de lui le témoignage *par écrit* du regret et du repentir de lui avoir intenté un procès et d'avoir tenu contre lui des propos blessants pour son honneur.

Cette lettre de Ach. Lemerle est un hors d'œuvre au différend qui partage MM. Montès et Gastel : c'est le dire d'un seul individu. Elle ne peut faire aucune foi ; elle peut même être l'œuvre de la haine et de la vengeance.

Quel homme sensé pourrait avoir égard à un pareil document, si étranger, du reste, à la discussion qui nous est soumise ?

Mais Mme Lemerle, par une lettre datée de Brest de décembre 1861, donne un démenti aux assertions de M. Ach. Lemerle. Elle fait connaître qu'il s'agissait de sa rentrée et non de celle de son mari dans le sein de la famille Gastel.

Il faut faire le même cas et même frapper de réprobation une lettre, en date du 12 *août* 1854 adressée de Saint-Pierre-Martinique à M. Montès, par M. Thouron.

Cet écrit, qui ne contient pas même la précision d'un fait, répand l'injure et la diffamation contre M. Gastel.

Notre devoir est de laisser de côté un tel document qui ne paraît inspiré que par un mauvais sentiment de Thouron. Sa contexture est tellement grossière qu'elle ne peut mériter que le mépris.

Qui de nous ne serait pas exposé à de pareilles calomnies s'il plaisait à la malveillance de se procurer des témoignages ainsi dénués de la spécification d'aucun fait !

M. Montès ne peut que se reprocher une pareille production.

En résumé, et pour revenir à la seule, à la vraie question à juger, nous pensons qu'il n'y a aucun reproche à adresser à M. Gastel au sujet de sa conduite à l'égard de M. Montès dans l'affaire de l'acquisition du « Malgré-Tout » par les motifs précédemment exprimés.

M. Gastel ne pouvait se conduire autrement ; il n'a manqué ni aux règles du droit et de l'équité, ni aux prescriptions de l'honneur, ni aux procédés de l'amitié.

M. Montès ne peut exiger de réparation morale, encore moins d'indemnités pécuniaires pour le préjudice qu'il prétend avoir éprouvé par suite de l'acquisition du « Malgré-Tout. »

M. Gastel, dans notre opinion, serait, au contraire, en droit de demander à

M. Montès une réparation, pour avoir (comme M. Montès en convient) proféré contre lui et répété dans des écrits certaines allégations blessantes pour l'honneur et les sentiments de délicatesse de M. Gastel.

DE FROIDEFOND DES FARGES.

Le soussigné adhère à l'opinion motivée de M. de Froidefond des Farges. A son avis, les griefs articulés par M. Montès ne sont nullement fondés : M. Gastel n'a méconnu envers lui aucun des devoirs de l'ami le plus scrupuleux. M. Montès, au contraire, déçu dans ses espérances, aigri par ses pertes, n'a observé envers M. Gastel aucun des ménagements commandés par de vieilles relations, surtout quand elles sont rompues. Pour satisfaire d'injustes ressentiments, M. Montès n'a reculé ni devant l'altération des faits, ni devant la diffamation, ni devant l'injure. Une seule question se présentait à juger : « Savoir si l'affaire du « Malgré-Tout » avait été conseillée par M. Gastel, et, par suite, si ce dernier était moralement responsable des pertes dont se plaignait M. Montès. » — A cette question nettement posée, M. Montès en a joint plusieurs autres qui sont cependant étrangères au débat ; savoir :

1º Affaire d'avance à M. Sinson, et remise d'une traite de 60,000 fr. à M. Gastel, comme condition d'une association dans son magasin de fers entre M. Montès, M. Hervé et lui ;

2º Plan d'une immigration d'Indiens conçu par M. Montès, qu'il aurait communiqué à M. Gastel, lequel aurait cherché à s'en attribuer le bénéfice ;

3º Procès de famille entre M. Gastel et M. L. Lemerle ;

4º Reproche à M. Gastel d'avoir cherché à user des relations de M. Montès ;

5º Mauvais caractère de M. Gastel qui se brouille avec ses amis.

Cette manière de procéder est d'autant plus regrettable qu'elle est le produit d'une longue réflexion.

Le « Malgré-Tout » a été acheté après mûr examen. Cette affaire, commencée en 1846, était déjà bien appréciée en 1847.

Le 15 février 1847, M. Montès fait part à M. Gastel d'un accident arrivé à l'usine de MM. Sinson, et il termine sa lettre en ces termes :

» *Je crains que cet accident arrivé à Saint-Ange, ne m'empéche d'exécuter le projet* » *que j'avais formé d'aller te visiter cette année.* »

Cet extrait fournit la preuve matérielle que M. Montès s'occupait sérieusement des affaires du « Malgré-Tout » en 1847 ; que ces affaires étaient tellement importantes qu'un accident survenu à l'usine mettait en question le projet qu'il avait formé de partir pour France.

Dans ce même moment, il exprime l'intention de se faire céder tous les droits de M. Gastel. M. Hervé en offre la preuve dans sa lettre du 24 mai 1847 ; il écrit à M. Gastel :

« *Saint-Ange m'a dit que son usine va merveilleusement, et qu'il a l'espoir de faire,*
» *l'année prochaine, plus de douze cents barriques de sucre.* Montès ne serait pas
» éloigné de traiter avec MM. Sinson pour la totalité de l'affaire ; il me disait
» l'autre jour que, pendant que vous étiez ici, vous lui en avez fait la proposition
» et que vous étiez disposé à accorder des termes assez longs pour les 100,000 fr.
» qui vous restaient dus après les 600,000 fr. avancés par Montès. Faites-moi sa-
» voir si vous êtes toujours dans les mêmes dispositions, et quels seraient les
» termes que vous accorderiez à ces messieurs, s'ils réduisaient leur dette chez
» vous à 100,000 fr.

» Cette affaire mérite des réflexions de votre part, car, je vous le répète, *il pa-*
» *rait que l'usine va admirablement.* »

Les rapports se continuent entre MM. Montès et Sinson jusqu'en 1852, époque
du retour de M. Montès en France. En 1853, M. Saint-Ange Sinson vient l'y rejoindre. Ils examinent ensemble l'affaire du « Malgré-Tout. » L'opinion de
M. Montès était *favorable* ; il se renseigne auprès de M. Hervé, de M. de Lamotte
et de ses autres amis ; tous l'invitent chaleureusement à acquérir le « Malgré-
Tout » : M. Montès traite. Or, connaissait-il cette propriété, celui qui en 1847 s'en
inquiétait tellement qu'il disait : l'accident arrivé à Saint-Ange m'empêchera
d'aller te rejoindre ? Etait-il renseigné celui qui, avec une opinion favorable à
l'affaire, s'était adressé à M. Hervé, à M. de Lamotte, et à ses autres amis, et qui
en avait reçu le chaleureux conseil de traiter ? M. Montès répond : non ; mais les
faits, il faut le reconnaître, protestent contre sa négation... Si l'on considère la
position de M. Gastel entre MM. Sinson, qui redoutaient l'exécution de son réméré,
et M. Montès son ami, qui ne devait point, selon la recommandation de M. Jules
Sinson, être fort communicatif sur les conditions de l'affaire, on reconnaîtra sans
peine que M. Gastel n'a pu, ni dû intervenir entre M. Montès et M. Saint-Ange
Sinson. Donc, en traitant pour le « Malgré-Tout, » M. Montès a agi de lui-même
et sans le concours de M. Gastel, et ainsi qu'il l'a déclaré, avec la volonté d'être
utile à M. Sinson ; de plus, M. Montès a complétement dénaturé la condition de
cette affaire en achetant en même temps une propriété voisine et en faisant un
acte de société pour l'exploitation du tout.

Si, ainsi que l'affirme M. Montès, l'usine offrait cependant dans quelques-unes
de ses parties des défauts qui étaient au vu et au su de tout le monde, il n'ap-
partenait qu'à M. Montès de les rectifier ; ces défauts lui avaient été loyalement signalés dans la lettre de M. Sinson du 5 juin 1853 ; il les connaissait et
M. Gastel n'avait rien à lui apprendre sur ce point ; il est constant que l'usine
était pourvue d'un bon moulin ; que les terres du « Malgré-Tout » sont de première
qualité, ce qui constitue, avec *une bonne administration*, les conditions essentielles
pour faire de beaux revenus.

Il m'a paru évident que l'administration dont M. Montès avait la haute
direction était vicieuse, ce qu'il a reconnu lui-même, puisqu'il a fait un sacri-

fice important pour la changer en rompant sa société avec M. Sinson ; enfin, l'on ne comprendrait pas que M. Gastel puisse être responsable des actes de M. Montès.

L'avance de 60,000 fr. à M. Sinson, en une traite remise à M. Gastel sur M. Perquer, a été ponctuellement remboursée. Le projet d'association qui en aurait été la condition, au dire de M. Montès, est contredit par la lettre de M. Hervé, qui s'en serait souvenu si une convention de cette importance avait été conclue. Sa lettre du 26 février 1847 en fait foi.

Le grief relatif à l'immigration des coolies indiens est détruit formellement par M. A. Assier, dont le témoignage a été invoqué par M. Montès. Ce grief doit d'autant plus surprendre de la part de M. Montès, qu'il est le seul de toutes les personnes citées par lui qui ait profité de l'exécution des plans d'immigration indienne.

Il est regrettable que M. Montès, en vue d'entacher la moralité de M. Gastel, se soit immiscé dans les particularités d'un procès de famille : l'affaire Lemerle échappait, par ce côté, à tout examen de sa part. En produisant isolément, comme il l'a fait, un arrêt qui se rapportait à un seul point de ce procès, il exposait messieurs les arbitres à commettre une erreur matérielle. Cette production a eu le triste résultat de changer les intentions pacifiques qui avaient été montrées à la séance du 30 octobre. On ne saurait trop la regretter.

Les autres reproches sur le caractère de M. Gastel et la démarche qu'il aurait faite pour tirer parti des relations de M. Montès échappent, par leur futilité, à tout examen.

Non content de s'être livré à ces attaques injustes, M. Montès, dans le seul dessein d'injurier M. Gastel, a produit une lettre d'un sieur Thouron qui ne spécifie aucun fait.

En dernière analyse, M. Montès, en donnant cours à son ressentiment contre M. Gastel, n'a prouvé aucun des griefs qu'il a avancés ; M. Gastel, au contraire, les a tous victorieusement réfutés. M. Montès a reconnu avoir tenu de *vilains propos* contre ce dernier. Et, de l'examen auquel nous nous sommes consciencieusement livrés, ce fait seul est ressorti : que les regrettables attaques de M. Montès ne s'appuient ni sur une preuve, ni même sur un indice.

MALAVOIS.

J'adhère à l'opinion de M. Malavois.

DE FROIDEFOND DES FORGES.

Paris, le 10 février 1862.

Paris. — Imprimerie de SCHILLER aîné, 11, faubourg Montmartre.

www.ingramcontent.com/pod-product-compliance
Lightning Source LLC
Chambersburg PA
CBHW061611050726
47595CB00007B/2893